ÉTUDE

BIOGRAPHIQUE ET ORGANOGRAPHIQUE

SUR LES

WILLEMS,

LUTHIERS GANTOIS DU XVIIᵉ SIÈCLE,

PAR

EDMOND VANDER STRAETEN ET CÉSAR SNOECK,

AVEC UNE INTRODUCTION

PAR

PAUL BERGMANS.

GAND,
IMPRIMERIE C. ANNOOT-BRAECKMAN, AD. HOSTE, SUCCʳ.

MDCCCXCVI.

In the interest of creating a more extensive selection of rare historical book reprints, we have chosen to reproduce this title even though it may possibly have occasional imperfections such as missing and blurred pages, missing text, poor pictures, markings, dark backgrounds and other reproduction issues beyond our control. Because this work is culturally important, we have made it available as a part of our commitment to protecting, preserving and promoting the world's literature. Thank you for your understanding.

LES WILLEMS.

INTRODUCTION.

INTRODUCTION.

« L'histoire de la fabrication des instruments de musique en Flandre est à faire.

« A notre avis, il n'y a guère lieu d'essayer de l'entreprendre d'un seul coup : trop d'informations se dérobent aux recherches.

« La modeste monographie y mènera lentement mais sûrement, je pense, grâce à une sérieuse et persévérante contribution de nos meilleurs spécialistes.

« Après une série de notices partielles, consciencieusement élaborées — il faudra du temps pour cela —, la concentration des matières s'opérera d'elle-même en quelque sorte.

« Et voici, pour commencer, divers renseignements relatifs à George et Henri Willems, et à d'autres membres de leur famille.... »

Ces lignes sont les dernières qu'ait écrites l'éminent musicologue belge, Edmond Vander Straeten. La mort impitoyable l'arrachait, peu de jours après, aux recherches et aux travaux auxquels il avait voué sa vie entière.

L'étude sur les Willems comprend deux parties.

La première, consacrée à la biographie de ces luthiers du XVIIe siècle, est due à Edmond Vander Straeten. Il en avait puisé *les éléments dans les archives de la cathédrale de Saint-Bavon, à Gand, qu'il avait compulsées pendant deux étés, et où il avait fait une ample moisson de notes qui seront ultérieurement mises en lumière.*

La seconde partie est technique, et nul mieux que Mr Snoeck, le collectionneur bien connu, n'était à même d'apprécier, au point de vue organographique, les œuvres des Willems. Aussi Vander Straeten avait-il tenu à lui réserver cette tâche.

En attendant un monument plus durable, cette notice est publiée aujourd'hui et dédiée à la mémoire de Vander Straeten par celui qui fut son collaborateur et son ami, et qui a bien voulu me prier d'en surveiller l'impression. Elle sera le digne pendant de Jacques de Saint-Luc, *de* Charles-Quint musicien, *des* Lettres de Roland de Lassus, *de* Nos périodiques musicaux *et de tant d'autres curieuses et substantielles monographies de l'auteur de la* Musique aux Pays-Bas.

PAUL BERGMANS.

Gand, 1^r février 1896.

I.
BIOGRAPHIE.

I.

BIOGRAPHIE.

L'état civil de Gand, dûment compulsé, n'a pu nous fournir la moindre information précise quant à la naissance et au décès de George et Henri Willems.

La période active de la famille Willems, en général, est relativement restreinte et les faits saillants y sont assez clairsemés.

Modeste et tranquille association de maîtres luthiers — et de virtuoses —, dont les souvenirs, échappés à la destruction, sont actuellement un peu dispersés partout.

Il y aura provisoirement à citer, faute de mieux, les membres de la dite famille, au fur et à mesure qu'ils s'offrent dans les archives locales, quitte à les classer dès que les éléments indispensables auront été rencontrés.

En premier lieu se présente, dans les registres de la cathédrale de Saint-Bavon à Gand, un Corneille Willems, reçu, le 13 novembre 1602, comme vicaire musical, après avoir été soumis à l'épreuve par le maître de chant, Nicolas Ghilbode; puis un George Willems, désigné, en 1634, comme corniste de cette église(1).

Dès 1600, avant peut-être, on entendit vibrer, en certaines solennités, une série d'instruments à vent et à cordes destinés à renforcer les voix du chœur.

Tel était, par exemple, le cornet à bouquin, dont les sons voilés se mariaient avec les bourdons de l'orgue.

On y jouait aussi du fagot et surtout de son extensif, le bombardon, chargé du même rôle, seulement aux offices en plain-chant, croyons-nous.

Le serpent n'arriva que plus tard. On s'en munissait à Paris.

Rien encore, du moins dans les sources auxquelles je puise, au sujet des instruments à cordes.

Enfin, après le concert de divers instruments purement occasionnels, déployés aux grandes fêtes, surgissent, en 1622, les « violonsen » se mariant aux « hautboosen », aux « cornetten », et aux « scharmeyen ». Les flûtes et les trompettes sont citées à part en 1617.

Précieux renseignement! Quand la première commande d'instruments à archet est constatée, notamment en 1637, il y en aura très certainement déjà eu, parmi eux, qui auront porté la firme des Willems, d'autant plus que, à en croire les documents officiels consultés, les virtuoses étaient de Gand même : « speellieden deser stede ».

En l'année précitée, surgit la viole, qui finit par mener à la basse et à la double basse, dont on se servait continuellement à Rome.

Soit dit en passant, chaque fois que le terme de basse, sans autre désignation, s'offre sous la plume du scribe, c'est de la basse à cordes qu'il s'agit.

Une basse de viole fut achetée en 1637. D'après une note, l'unique de l'espèce, extraite par Kervijn de Volkaersbeke des archives de Saint-Bavon, et dont, par malheur, je n'ai pu retrouver le texte original, il s'agirait d'une vraie contrebasse.

L'écrivain se trompe, et il ne peut s'agir que d'une *basse de viole*, c'est à dire d'un violoncelle, selon la dénomination actuellement employée.

Voici d'ailleurs la note telle quelle : « En 1637, une contrebasse (*basse de viole*) coûtait 20 livres de gros et 12 escalins, argent courant de Brabant ».

Il y aurait à rechercher encore ce point curieux relatif à la carrière active de George Willems : le facteur de violes a-t-il produit aussi des cornets à bouquin ? Le cas est douteux à cause de certaines particularités inhérentes à la profession de l'artiste, selon mon savant collaborateur.

Pour aider à l'élucidation de ce problème, constatons que, en 1643, un Josse Willems est appelé deuxième corniste à Saint-Bavon (2).

La basse de viole signalée en 1637, sans désignation de l'atelier d'où elle sortait, ne pourrait-elle point, je le répète, avoir été construite par George Willems, et livrée par le joueur de cornet attitré, qui avait déjà un pied dans le temple ?

On connaît, en revanche, ce menu détail, précieux pour l'archéologue avide de tout pénétrer, que la dite basse coûta « 20 livres de gros et 12 escalins, argent courant de Brabant ».

Voici, enfin, un nom et une œuvre ! En 1642, George Willems achève une petite *gamba* ou ténor de viole, conservée actuellement, comme tous les instruments dont il va être question, dans la collection de Mr C. Snoeck. L'étiquette manuscrite est ainsi conçue :

JOORIS WILLEMS TOT GHENDT, 1642.

Une autre étiquette nous livre le nom et l'adresse d'un apothicaire qui occupait ses loisirs à réparer des instruments ; elle est bel et bien en langue latine :

DE CANS REFECIT ALDENARDÆ, ANNO 1801 (3).

George Willems, à peine entrevu ici, aura-t-il cessé d'exercer son emploi de corniste officiel en 1649 ?

Pour une cause qui nous échappe, un relâchement peut-être dans son service, l'artiste fut privé de son jeton de présence, et même, il faut le croire, de ses fonctions.

Plus un mot à son sujet jusqu'en 1658, date à laquelle il livre deux violes pour le service du chœur de Saint-Bavon (4).

L'année qui suit, il achève pour une autre destination, un violon de petit format, au vernis jaune, signé :

JOORIS WILLEMS TOT GHENDT 1659.

L'étiquette est manuscrite.

Nouvelle mention de lui, en 1662, dans les archives de la cathédrale gantoise. On formule nettement le rôle qui lui incombe comme corniste :

1° George Willems aura à comparaître à tous les offices de l'évêque, au nombre de neuf annuellement. Chaque office comporte quatre services : les premières vêpres, les matines, la grand'messe et les secondes vêpres. Pour chaque vacation, il aura seize sous.

2° A tous les offices des dignitaires, au nombre de vingt-quatre, ayant aussi quatre services, chaque séance la somme de neuf sous.

3° A toutes les grand'messes de dimanche, au nombre de quarante neuf, à quatre sous la séance.

4° Aux *duplicibus*, au nombre de quarante et une, chacune ayant trois services : premières vêpres, secondes vêpres et grand'messe, à quatre sous le service.

5° A tous les saluts doubles, au nombre de vingt par an : Pâques, Ascension, Pentecôte, Ste Trinité, Sacrement, octave de la Nativité, Saint-Jean-Baptiste, dédicace de l'église, Élévation de saint Bavon, Assomption, Nativité, Déposition de saint Bavon, Toussaint, Déposition de saint Liévin, Nativité du Seigneur, Circoncision, Epiphanie, Purification de la Vierge, le dimanche de Lætare et l'Annonciation de la Vierge. Pour chaque salut, douze sous. Rien en cas d'absence (5).

J'ai tenu à relever ici en détail la mission du cornettiste précité, pour en faire ressortir l'importance.

Toutes ces fêtes avaient leur *propria sanctorum*, à savoir tout un répertoire spécial, où l'instrument adjoint à l'orgue exécutait des cantiques expressément composés pour chaque fête particulière.

Il y avait, notamment, l'hymne de saint Bavon qui formait, en quelque sorte, la *Brabançonne* de la cathédrale, et dont l'auteur est un maître de chapelle sur la valeur duquel j'aurai à revenir ailleurs.

La dite instruction fut lue et approuvée, en plein chapitre, le

17 novembre 1662. Avouons que les peines que le cornettiste officiel se donnait, un an durant, n'étaient guère rétribuées suffisamment, et que plus d'un relâchement a dû se produire, surtout aux solennités hivernales.

Quant à Henri Willems, il facture, en 165(?), un alto de grand patron, dont l'étiquette porte :

HENDRICK WILLEMS TOT GHENDT 165(?).

En 1665, Pierre Willems — un fils de George? —, qui avait été enfant de chœur, est appelé à passer aux ordres et se fait inscrire au séminaire. Il est le neveu de Pierre Hurtado, maître de chapelle de Saint-Bavon et auteur de compositions estimées (6).

Deux aspirants se présentent, en même temps, pour la basse de viole : Jean Lauwers et Thomas Lelièvre (7).

En 1669, Josse Willems, le corniste déjà cité, est continué dans son emploi (8).

Le 28 mars 1670, Henri Willems livre à la cathédrale une basse de viole, qui lui est payée cinq livres de Flandre (9).

Il est à supposer que les autres églises gantoises n'auront point manqué de se faire approvisionner d'instruments chez les deux luthiers en renom. Les maîtres de danse y auront recouru aussi, à preuve une pochette de lui à dos pentagonal, portant la date 1679 et signée en lettres moulées :

HENDRICK WILLEMS TOT GHENDT 1679.

L'année 1679 offre le 79 en manuscrit, ce qui autorise à croire à une activité continuelle dans l'atelier de ce luthier.

En 1671, en même temps qu'un certain Adrien Gherens, un N. Willems, fils de maître George, est appelé, en l'église prédite, à l'office de violiste, cela aux honoraires d'un jeton de six sous par séance (10).

On adjoint, en 1673, au cornettiste Josse Willems, un virtuose supplémentaire, jusqu'à ce qu'il ait été pourvu à un autre artiste (11).

En 1693, George Willems continue à exercer son emploi de corniste.

C'est en la même année, qu'un certain Pierre Herman joue pour la première fois (?) du serpent. On a déjà constaté que ce nouvel instrument avait pour rôle d'accompagner les services chantés en faux-bourdon (12).

Henri Willems répare, en 1698, la basse employée au jubé de Saint-Bavon et reçoit pour ce travail la minime somme de quatre sous de gros (13).

En 1717, Henri Willems produit un violoncelle à 5 cordes, et le signe comme suit :

Heyndrick Willems tot Ghendt 1717.

Après cette date, nous le perdons entièrement de vue.

En 1731, le réparateur officiel des instruments à cordes est un certain Jean Ardenois. Il restaure les basses, celles apparemment — une simple et une double — qui furent acquises par les chanoines du chapitre, en 1730, à la mortuaire du maître de chapelle Du Pierreux (14).

Enfin, en la même année, est agréé, à titre de fagotiste et de violoniste du chœur, François Willems, aux émoluments accoutumés (15).

Telles sont les informations puisées aux archives de Saint-Bavon; elles sont complétées par une série d'instruments, échappés heureusement à la destruction, qui vont être étudiés, par une plume compétente, sous le rapport technique et artistique.

II.
ÉTUDE ORGANOGRAPHIQUE.

II.

ÉTUDE ORGANOGRAPHIQUE.

L'examen des instruments à archet que l'on trouve encore aujourd'hui en possession des artistes et des amateurs, nous révèle l'existence à Gand, aux XVIIe et XVIIIe siècles, d'au moins trois luthiers du nom de Willems.

L'un avait pour prénom Jooris, ou George, et travaillait au milieu du XVIIme siècle. Des deux autres, qui se nommaient tous deux Hendrick, Heyndrick ou Henri, l'un était contemporain de Jooris, l'autre travaillait encore un siècle plus tard.

Nous trouvons en effet des instruments signés Hendrick ou Heyndrick, dont les uns portent la date de 1650 ou 1651, les autres celle de 1743.

Les produits de ces trois facteurs ont un air de famille bien caractérisé, mais se différencient par les détails de la facture; et ce sont ces détails qui permettent d'attribuer, à l'un ou à l'autre des Willems, certains instruments qui ont perdu leur marque et souvent leur cachet particulier par l'incurie et l'ignorance des restaurateurs.

Sur quatorze spécimens que nous avons entre les mains, huit ont conservé leurs étiquettes primitives ; les sept autres, qui ont perdu la preuve de leur identité, ne laissent pourtant aucun doute à l'œil exercé du connaisseur.

Plusieurs de ces instruments ont une réelle valeur et témoignent d'un talent remarquable ainsi que d'une connaissance sérieuse de la technique de la facture.

Les Willems ont pris comme modèle d'ensemble les instruments des Amati, notamment d'Antoine et de Jérome (1570-1638). Mais ils ne les ont pas copiés servilement : en s'assimilant l'œuvre de ces maîtres, ils lui ont donné une tournure particulière, un cachet personnel, cet air de famille qui distingue et fait reconnaître leurs œuvres.

Les détails essentiels dans lesquels ils sont restés le plus près de leurs modèles, sont le choix du bois de la table d'harmonie, qui est toujours irréprochable — condition capitale au point de vue de la qualité du son —, et la formation des voûtes.

—

Un grand alto de Hendrick Willems, daté de 1651 (le dernier chiffre est seul incertain), porte une table d'harmonie absolument remarquable. La coupe et le fini du travail le feraient prendre pour un italien, n'était le vernis qui est sec et terreux. En voyant la table, les luthiers s'écrient : « Où diable ces gens allaient-ils chercher leur bois ? »

Les instruments des deux Henri ont des caractères communs, qui les distinguent de ceux de Jooris. Ceux-ci ont le vernis jaune-clair et transparent, les autres l'ont jaune-brun et généralement terreux.

Les coins de Jooris sont courts et minces, tandis que ceux des Henri sont saillants, prononcés et carrés à l'extrémité.

Il y a une différence sensible dans la cambrure des ∫∫ (ouïes). Jooris est resté plus près de la cambrure des modèles crémonais; ses ∫∫ ont un peu d'inclinaison et une certaine souplesse d'allure, tandis que les autres sont plus droits et plus raides, et semblent plutôt dériver de l'école de Brescia et de Stainer.

Il faut faire une exception pour un grand vieil alto qu'une seule indication nous permet d'attribuer à Hendrick l'aîné, à moins qu'une appréciation plus autorisée que la nôtre, ou des informations nouvelles ne viennent justifier la paternité d'un Willems prédécesseur de ceux qui nous occupent.

Cet alto, dont l'étiquette a disparu, et dont le vernis a été altéré par suite de nombreuses réparations, a le corps long de près de 45 centimètres. Le modèle général permet de l'attribuer à un Willems, et ce qui justifie surtout son attribution à Hendrick le vieux, c'est l'extrémité du cheviller qui se termine par une tête de lion. Or, cette tête de lion est, à notre sens, caractéristique de la facture d'Hendrick Willems. Elle est identiquement la même, aux proportions près, que celles qui se retrouvent sur l'alto de Hendrick de 1651, cité plus haut, et sur une charmante pochette du même de 1679. Les ∫∫ seuls déroutent l'expert. Le facteur s'est ici affranchi de toute école et a tracé lui-même un patron selon sa fantaisie.

Les extrémités décrivent une ellipse exagérée; les points terminaux sont démesurément grands et l'ouverture de la partie médiane est enflée au centre. Cette forme des ouïes concourt, avec les coins très prononcés et les dimensions exceptionnelles de l'instrument, à lui donner un aspect étrange. Des documents nouveaux permettront peut-être de fixer sa place dans la généalogie des Willems.

Si nos artistes ont su copier avec intelligence les chefs-d'œuvres des maîtres italiens, leurs prédécesseurs ou leurs contemporains, ils les ont aussi imités dans certaines négligences. Autant les uns et les autres avaient souci de choisir le bois de table, autant ils savaient se passer d'un beau plane ou d'un bel érable de provenance étrangère lorsque la pénurie de ces derniers se faisait sentir. Le noyer, l'orme, l'if et d'autres essences indigènes ont été utilisés pour les fonds et les éclisses par les Italiens. Presque tous les Hendrick Willems que nous avons vus, surtout les basses, ont les tables de fond et souvent les éclisses en noyer du pays, quelquefois en platane commun, même en tilleul.

Jooris Willems semble avoir eu à sa disposition le bel érable veiné généralement employé en lutherie. Seule une petite *gamba* ou *ténor de viole* a le fond en tilleul.

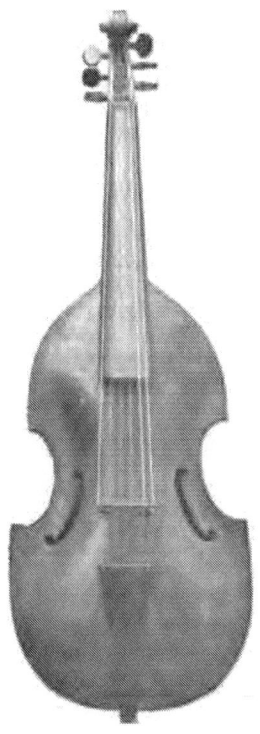

L'existence de cette gamba à six cordes est une nouvelle preuve de l'adresse que mettaient nos facteurs à copier les modèles italiens, et à varier leurs produits.

Ils ne se sont pas bornés à confectionner des violons, des altos et des basses.

Outre la viole de Jooris portant la date de 1642, notre collection renferme une très jolie pochette à dos pentagonal, d'une longueur totale de 40 centimètres, et terminée par une tête de lion sculptée, semblable, sauf la dimension, à celles qui surmontent les deux altos précités. Chacun des pans du corps, de même que la touche et le tire-cordes, est encadré d'un filet. Elle porte l'étiquette de Hendrick Willems et la date de 1679.

C'est à Hendrick Willems qu'il faut attribuer, quoique l'étiquette ait disparu, une pièce unique et absolument exceptionnelle, d'un modèle original, créé certainement par le facteur. C'est une espèce de *ténor de viole* en forme de *lira d'arco*, qui, par un caprice regrettable d'un précédent possesseur, a malheureusement perdu son cachet et sa signification par la substitution d'un nouveau manche.

Cette mutilation qui a eu pour but d'en faire un petit violoncelle d'enfant, nous empêche de déterminer, aussi bien la forme primitive de la tête que le nombre des cordes et la manière de monter l'instrument.

Les matériaux, dont est fait ce singulier objet, semblent avoir été coupés dans le même bois que ceux d'un violon marqué Heyndrick Willems, daté de 1743, et dont la table d'harmonie est en sapin choisi, dos en noyer; par exception, les éclisses seules sont en érable.

Voici une basse ou violoncelle à cinq cordes, marquée *Heyndrick Willems tot Ghendt* 1717.

Basse à 5 cordes d'Heyndrick Willems, 1717.

C'est, au point de vue du choix des matériaux et du côté artistique de la facture, le moins soigné des produits qui nous occupent; aussi a-t-il subi plus que les autres les outrages du temps, et sa toilette primitive a-t-elle été remplacée par un vernis rouge-brun qui le dénature.

La longueur du corps est de 78 centimètres.

A côté de cette basse, nous trouvons un violoncelle, aussi soigné que l'autre l'est peu. Longueur : 75 centimètres; modèle élégant; table d'harmonie digne d'un violon italien. Il est de la même main que le violon marqué Heyndrick Willems, 1743. Le dos semble être du tilleul; les éclisses, le manche et la tête sont en noyer; malheureusement le vernis est presque nul, et l'aspect est terne.

Un autre *basso*, ou grand violoncelle à quatre cordes, a une longueur de 78 centimètres, et la hauteur des éclisses, comprise entre les deux bords, est de 135 millimètres.

Le bois de la table a les fibres droites, régulières et très bien appropriées. Le dos, les éclisses et le manche sont faits de bois de noyer, rendu plus sombre par l'application d'un vernis noirâtre.

Il est difficile de se faire une opinion sur le modèle de volute adopté par les Willems, surtout pour les violons et les altos.

Cet ornement classique et traditionnel des instruments à archet a été supprimé et remplacé sur presque tous les Willems que nous avons vus. Il faut faire exception pour deux altos et une pochette dont le manche se termine par une tête de lion, et pour les violoncelles et basses décrits plus haut; dans ces derniers, la volute est mal contournée, lourde, grossièrement sculptée et inachevée.

On peut conclure de ce fait, ou bien que les Willems avaient coutume de ne pas achever leurs volutes et que c'est pour cette raison qu'on leur a substitué des volutes plus modernes; ou bien que leurs manches de violon et d'alto se terminaient, comme dans les trois exemplaires cités, par des têtes de lion, et que celles-ci ont été remplacées par des volutes pour obéir à la mode ou à un engouement momentané pour la volute à l'italienne.

Dans cette dernière hypothèse, il faut regretter, dans l'intérêt de notre art national, qu'un caprice irréfléchi ait privé de leur partie la plus originale, la plus caractéristique, les produits en tous points remarquables de nos luthiers gantois.

III.
NOTES ET DOCUMENTS.

III.

NOTES ET DOCUMENTS.

1.

11 août 1634. — *Myne heeren aenveerden in den dienst ende voor suppost deser kercken Jooris Willems, met conditie dat hy sal compareren met syne cornette als men musycke synghen sal, legghende hem by totter somme van*   XX s. gr.

Ce document, comme tous les suivants, est extrait des *Acta capitularia* de la cathédrale de Saint-Bavon à Gand.

2.

7 août 1643. — *DD. admittunt Judocum Willems, in secundum cornicinem hujus ecclesiæ, sub conditionibus et stipendio ordinariis.*

Le 21 juin 1641 était mort Jean Bara, *lusor bombardæ et fagotti*. Jean Carpentier lui succéda; nous avons rencontré notamment le poste suivant, relatif à ce dernier :

Betaelt aen Jan Carpentier, fagottier, vier schellynghen groot, over het coopen van vier rieten voer het bombardi, door last van mijn heere deken in date van 29 junij 1641....   IIII s. gr.

3.

En accolant son nom à celui de Willems accrédité par un siècle et demi, Cans se sera probablement exagéré sa mission toute modeste, toute simple.

Puisque signature il y a, complétons-la par un extrait de l'état civil audenardais, qui deviendra peut-être moins inutile dans la suite, au cas où il se trouverait que Cans ait produit un instrument entier de sa facture :

« L'an 1806, le 6 du mois de juillet, est décédé, à Audenarde Dominique Cans, âgé de 58 ans, apothicaire, natif d'Alost, fils de Guillaume et de Marie Josèphe Van Hoorembeken, époux de Marie Thérèse De Pottere. »

Il naquit donc en 1748, et sa réfection précéda de cinq ans sa mort.

La restauration de l'apothicaire Cans est, d'ailleurs, loin d'être un fait exceptionnel. On trouve des exemples semblables un peu partout. Audenarde même possédait encore, il n'y a pas plus de dix ans, un fabricant de brosses, nommé Ch. De Clerq, auxquels tous les amateurs d'instruments à cordes confiaient leurs instruments. Il les restaurait avec beaucoup de soin, et faisait les entures mieux que maint prétendu luthier; il mettait même des pièces dans les tables des instruments, et coupait lui-même les chevalets. La connaissance des vernis lui faisait seule défaut.

4.

1658. — *Betaelt an Mr Jooris Willems over leveringhe van twee violen in dienste van de kercke*   *V lib. par.*

5.

17 novembre 1662. — *Lecta et approbata fuit instructio sequens :*

Instructie ende reglement nopens de presentien van den cornettist Mr Jooris Willems, in den onderschreven respectum officien gedeurende het jaar in den capitle van St Baefs :

In den eersten sal moeten compareeren in alle de officien van den hoochb. heere Bisschop, de welcke syn negen in 4 jaar; ende elck officie heeft vier diensten te weten : Primae vesperae, matutinum, summum sacrum et secundae vesperae, voor elcken dienst sal hebben VIstien stuyvers.

Item, in alle d'officien van eerb. heeren digniteiten, de welcke syn 24, hebben oock elc vier diensten, sal voor elcken dienst ontvangen neghen stuyvers.

Item, in alle de hoochmissen van alle de sondaegen wesende 49, voor elck reyse viers stuyvers.

Item, in duplicibus minoribus die 't samen syn 41, ende hebben elck drye diensten, te weten : eerste vesperen, tweede vesperen, hoochmisse, voor elcken dienst vier stuyvers.

Ten lesten, in alle dobbel loven synde in het jaar 20, te weten :

Pascha — Ascensio Domini — Pentecostes — Festum SS^{ae} Trinitatis — Corporis Christi — Octava nativitatis — S^{ti} Joannis Baptistæ — Dedicatio ecclesiae — Elevatio S^{ti} Bavonis — Assumptus B. Mariae — Nativitas Beatae Mariae — Depositio S^{ti} Bavonis — Omnium Sanctorum — Depositio S^{ti} Livini — Nativitas Domini — Circumcisio — Epiphania — Purificatio Beatae Mariae — Dominica Laetare et Annunciacio Beatae Mariae.

Sal voor elck lof ghenieten twaelf stuyvers, in cas van absentie, sal niet profiteren.

6.

13 février 1665. — *Data fuit Petro Willems, hujus ecclesiae quondam choraulo, nepoti moderni phonasci, acta suspensionis pro titulo ad suscipiendos ordines.*

7.

20 mars 1665. — *Domini authorisant Dominum Cantorem ad eligendum et admittendum alterum de duobus qui se presentant servitio hujus ecclesiae ad ludendum instrumento vulgò basse viole.*

16 août 1669. — *Continuatus fuit in officio Joannes Lauwers, lusoris vulgò basse viole, cum stipendio decem lib. gr., ea conditione ut compareat in officiis dignitatum : in primis vesperis, missa, secundis vesperis et laudibus.*

8.

2 août 1670. — *Joannes Lauwers, lusor vulgo basse viole continuatur* [répété le 3 août 1671]. *Judocus Willems, cornetesta, continuatur.*

9.

28 mars 1670. — *Placet solvi quinque lib. Fland., ex Fabrica, Henrico Willems, pro instrumento vulgò viole basse, ad opus hujus ecclesiae.*

10.

5 août 1671. — *De Eerweerdige heeren hebben gheadmitteert Adriaen Gherens ende N. Willems, sone van Mr Jooris Willems, om in de officien van syne hooch^e ende andere dignityten te commen spelen op de viole, op het honorair t'elcken een loodt van ses stuyvers.*

11.

12 mai 1673. — *Primo, ut amoneatur D. Franciscus Destin, presbiter sacrista inferioris sacristiæ, et in locum ejus substituatur Joannes Hoemacker, cum obligatione ludendi Basso in officiis episcopi et decani, nec non frequentandi singulis diebus vesperas, ac in officiis solemnibus ludendi predicto instrumento.*

   2° Ut dimittatur Joannes Lauwers, ludens Basso;

   3° Ut excusetur pensio data Judoco Willems, cornetistae, et vices ejus suppleat D. Bartholomeus De Besche, capellanus hujus ecclesiae, ludens eodem instrumento, ea tamen conditione, quod dictus Willems poterit comparere in officiis episcopi et decani, habiturus singulis vicibus sex stupheros, nec non gaudebit privilegio immunitatis;

   4° Quod non amplius dabitur pensio Francisco Housart, musico extraordinario ab aliquot annis assumpto, cantanti partem superioris vulgò faucet, salvo quod poterit comparere, ut cornettista Willems, sed interim datum fuit ipsi tempus ad quaerendum aliam conditionem, usque ad festum S^{ti} Bavonis....

12.

3 août 1693. — *Georgius Willems cornicen DD. assignant Petro Herman, qui ludit instrumento dicto serpentio, 4^{or} librarum flandriae pro expensis factis in reparatione sui instrumenti.*

Déjà en 1677, nous trouvons la mention suivante relative à Herman :

   An Jan Van Branteghem, over leverynghe van eenige pacxkens snaren dienende om den bas van Mre Pieter Herman   VI s. IX gr.

13.

1698. — *Item aen Mr Heyndrick Willems, over reparatie aen den basch op den doxael, per ordonnancie ende quittancie*   IIII s. gr.

14.

17 novembre 1730. — *Ordinabatur fieri solutio novem decim librarum flandricarum et quinque solidorum monetae currentis, per R. D. Receptorem Bibalium pro tribus instrumentis musicis, vulgò Bassis, uno duplice et duobus simplicibus, emptis ab hæredibus Domini Du Pierreux, ad usum oxalis hujus ecclesiae.*

1731. — *An Joannes Ardenois, over vermaeckt te hebben de bassen, par ordonnantie*

XV s. VIII gr.

En marge : *transeat pro hac vice.*

15.

26 janvier 1731. — *Franciscus Willems wiert aangestelt tot fagotist en violonist van den choor deser Cathedrale kerke, op de gewoonelyke emolumenten en prerogativen van oudts aen dat officie klevende.*

TABLE.

	Pages.
Introduction	7
I. Biographie	11
II. Étude organographique	19
III. Notes et Documents	29

Achevé d'imprimer, le 16 mars 1896, à 200 exemplaires, dont 10 sur papier de Hollande.

—

Un exemplaire a été tiré sur papier
du Japon pour la Bibliothèque
de l'Université
de Gand.

Printed by Libri Plureos GmbH in Hamburg,
Germany